Gidelim Türkiye'ye

Başka Bir Dünyaya Yolculuk

Gidelim Türkiye'ye

Başka Bir Dünyaya Yolculuk

Yazar ve İllüstratör
Estela T Domaoal

Çevirmen
Mehmet Can Yalçın

White Falcon Publishing

GİDELİM TÜRKİYE'YE
Estela T Domaoal

www.whitefalconpublishing.com

Gidelim Türkiye'ye ilk olarak 2024 yılında yayımlandı

Bu çeviri, White Falcon Publishing tarafından India 2024'te yayımlandı
Tüm hakları saklıdır.

ISBN - 979-8-89222-451-2

2023 Türkiye-Suriye depremzedelerine ve
Antakya'daki sevgili arkadaşlarıma

ÖNSÖZ

Gidelim Türkiye'ye, yazarın Ağustos ve Eylül 2023 tarihleri arasında Türkiye'ye yaptığı ziyaretten sonra ortaya çıktı. Bu gezi, yazarı ziyaret ettiği yerleri ve görülecek yerleri kaydetmeye ilham veren ufuk açıcı bir deneyim oldu.

Bu hikayede yer alan tüm karakterler kurgusaldır. Ancak, bahsedilen tüm yerler gerçekte mevcuttur ve bugünkü halleri ile tasvir edilmiştir. Konu ve konuşmalar yazarın hayal gücünün ürünleridir.

Yazarın diğer kitapları:
Am I Colour-Blind?
The Blood Red Sun
Memoir: A Canvas of Life
Happenstance

Saygı Notum
(Antakya depremzedelerine)

Ne diyeceğimi bilmiyorum,
Ama yine de sözlerin yankılanıyor.
Hepinize iyi günler diliyorum,
Sende kendimi açıkça hissediyorum.

Seni kucaklamama izin ver,
Korkularını yatıştırmak için.
Gözyaşlarını silerim,
Artık onlara sahibim.

Siz benim kahramanlarımsınız,
Acı içinde yelken açarken.
Gel, elimi tut,
Gücünü benimle paylaş.

BİRİNCİ BÖLÜM

Bugün zar zor uyudum. Yoksa bu dün müydü? Son yirmi dört saatte çok az uyudum, bu yüzden dirseğime yapılan dürtme kuvvetlenince hazırlıksız yakalandım.

Birden kalbimin hızlandığını ve üst vücudumun titrediğini hissettim. Neyse ki popom hala koltuğa bağlıydı. Kalanını hatırlamıyorum, ta ki "Türkiye'ye hoş geldiniz!" dediğini duyana kadar. Aceleyle, koltuğumun cebinden tanınmış Türk yazar Orhan Pamuk'un bir kitabını aldım. Babam benim sadece bir kitap kurdu olduğumu söylese de, bu kitabı okumak ziyaretim için bana ön bilgi verecek.

Farklı bir ülkeye olan ziyaretim bugün başlıyor. Harika! Annemden baharda aldığım bir seyahat hediyesi, sınıf arkadaşlarımın kıskandığı bir şey haline geldi.

Havaalanında, güneş gözlerimi ışıtırken, selamlaşmalar, gülümsemeler, birkaç sarılma ve yanağıma bir öpücük, beni güneşten daha sıcak tuttu.

Merhaba! Sadece birkaç dakika önce toprağa basmış olmama rağmen, uzun zaman sonra geri dönmüş bir kız evlat ya da akrabaları tarafından kucaklanmış bir müsrif bir oğul gibi Türk toplumundan büyük bir sevgi seli aldım. Bu yeri sevmeye başladım.

Yolculuğumuz İstanbul'da başladı. Bu eski, büyüleyici şehir, uzun tarihi boyunca rakipsiz karakteriyle birçok kültürü bir araya getirmiştir. Her yerde uzun, dik, dar ve dolambaçlı sokakları var. Sayısız camisinin belirli saatlerde kulağımıza melodilerle seslenmesi, bize Allah'ın tüm lütuflarını hatırlattı.

Boğazı geçerken, ihtişamı karşısında büyülendim. Bu su Türkiye'de Doğu ve Batı'yı, Asya ve Avrupa taraflarını ayırıyor. Bu bölünme, ironik bir şekilde, her ırkı, her dili, tüm dinleri ve hayatın her kesiminden insanları bir arada tutuyor.

Yolculuk artık ikincil bir unsur haline geldi. Köpüklü bulutlar, kayan martılar, serin ve ferah esen rüzgar, ve köpüklü gümüş su beni esir aldı.

Annem ve ben etrafımızdakilere hayranlık duymaya devam ederken, çevremizde dolaşan insanlar yolculuğumuzu daha da unutulmaz kıldı.

Ertesi gün, şehri yürüyerek gezmeye hazırız. Esra bizim Türk turist rehberimiz. Uzun, sportif ve komik olan bu kızın güzel ve belirgin bacakları var. Hem enerji dolu hem de her simgesel yer ve yapının tarihi hakkında zengin bilgiye sahip.

"Senin kadar güzel bacaklara nasıl sahip olabilirim, Esra?"

"Çok çalışarak. Yıllarca okula gidip gelirken uzun, dik yollarda yürüdüm."

"Mesela kaç yıl?"

"Hmm. On yıl. On iki yıl. Belki daha fazla"

Bu pek umut verici görünmüyor. Benim yaşadığım yerde dik yollar yok, bu yüzden çirkin bacaklara razı olmalıyım. Her neyse!

Benim için, birçok yüzyılı, lideri ve dini gören ünlü cami Ayasofya, İstanbul'un özüdür. Her bir mozaik karosunun ayrıntılı tasarımı, kulelerin tacını mükemmel şekilde tamamlayan görkemli kubbe ve en büyük, pahalı mermerler, sanat ve din arasında sınırsız bir yapının var olduğuna inanmamı sağladı. Gerçeklerin dokusu, her eski köşenin modern tasarımla uyumlu bir şekilde birleşmesiyle ortaya çıkıyor.

Sultanahmet Camii, yer altındaki Yerebatan Sarnıcı, Kapalıçarşı ve Mısır Çarşısı, hem yerli halkı hem de yabancıları cezbeden harika unsurlar.

Kapalıçarşı'da satın almak istediğim tek bir şey var: Şalgam. Turp, mor havuç ve sarımsaktan yapılan fermente içecek, ilk tattığım an favorim oldu. Tadını beğenmeyenler, bunu bir kola gibi içtiğimi görünce başlarını salladılar. Ne yazık ki, Kapalıçarşı'da Şalgam yok.

Uzun bir günün ardından, annem ve ben yorgun düşmüş ve sokakta neredeyse bayılacak durumdayız, oysa Esra enerjik. Sonuçta, o aynı zamanda bir fitness eğitmeni. Eğer tüm Türkler onun gibi yüksek enerjiye sahipse, o zaman biz bu dünyada kaybetmeye mahkûmuz.

Günaydın, öğrendiğim ilk kelime oldu. Bu kelimeyi sokak kedilerine tekrar ederek dil pratiği yapıyorum. Kediler, niyetimi meraklı gözlerle sorguluyor. Hatta otelimize sık sık gelen bir sokak kedisine "Günaydın" adını verdim. Belki de o başkasının evcil kedisidir. Maalesef sokak kedileri ve köpekleri yanlış telaffuz ettiğim ve yanlış anlaşılan kelimelerimin kurbanı oldu.

O gece, babama veda ederken bana hediye ettiği oyuncak topumu kaybettiğimi fark ettim. Yere her düştüğünde gülmeye başlayan küçük bir top. O gece kaygımı annemden sakladım ve bir şekilde uykusuz kaldım. Neyse, hayat devam ediyor!

İKİNCİ BÖLÜM

Devam edelim, İzmir'e uçakla gidiyoruz.

İzmir, muazzam su görkemiyle tanınır ve sonu gelmeyen kıyılarıyla ünlüdür. Bu şehrin yaydığı hava ilkinden tamamen farklı; buradaki insanlar daha rahat, yaşamın sunduklarından keyif alıyor gibi görünüyorlar. Acele yok, endişe yok.

Annemin arkadaşı Aslı bizi plajda yüzmeye davet ettiğinde heyecanlandım. Her zamanki gibi deniz beni büyüledi. Çeşme Plajı dalgaların tamamen kontrollü - huzurlu, sakin ve hesaplı. Kıyıdan birçok metre uzakta bile ayaklarım hala kumla temas ediyor. Ne harika bir his! Acaba vücudum tamamen suya mı batacak?

Sakin su, bize çeşitli yoga pozları yapma imkanı sağlıyor. Yoga öğretmeni Aslı, her asanayı su içinde akıcı bir şekilde ve zarafetle dengede tutabiliyor. Gözlerim, yetişkinlikte ulaşmayı umduğum vücuduna odaklanmış durumda. Bu isteğimi sesli bir şekilde itiraf ettiğimde, annem ve arkadaşının arasında bir kahkaha patladı, bu da huzurlu dalgalanmayı biraz bozdu.

Çeşme şehir merkezine gitmek için, yolcuları çevredeki bölgelere rahatça taşıyan dolmuş isimli küçük bir otobüse bindik. Öğle yemeğinde, ev yapımı Türk şakşuka, yaprak dolma ve çiğ köfte var; sağlıklı ve lezzetli. Yemek beni caminin ezan sesleri duyulana kadar uykuya dalmamı sağladı; bu sesler duyularımı uyandırdı.

Tatlılarla birlikte birkaç bardak çay içiyorum, hanımlar ise Türk kahvesinin tadını çıkarıyor. Kahvenin aroması beni cezbetti ve annemin kahvesinden bir yudum içtim – yoğun şekilde güçlü ve acı – bu anında beni canlandırdı. Bana göre değil, anne.

Deniz kenarında sohbetimiz kız muhabbeti olarak dönüyor.

"Okulda kimden hoşlanıyorsun?" diye başladı Aslı.

"Kimler. Kimlerden hoşlanıyorum?" diyerek cevapladım.

Yanıtım, annemi neredeyse tatlısında boğacak. Parmaklarımı saymaya başlıyorum ve altıya geldiğimde, Aslı ve annem kafeyi kahkahalarla dolduruyor. Kafalar bizim üzerimize dönmeye başlıyor ve ben de onlara katılıyorum.

Gün batmadan önce, güvercinlerin yüksek sesle çığlık attığı ve etrafında hızla uçtuğu saat kulesine doğru yürüyüşe çıktık. Yakındaki pazar beni büyüledi ve annem pazarlık yeteneğime şaşırdı. Her satıcıya "Kolay gelsin" diyerek veda ediyorum.

Bir akşam, ailesini İzmir'e yeni göç etmiş annemin arkadaşı bizi akşam yemeğine davet ediyor. Orada, misafir olarak gelmiş zeki bir adamla tanıştık. Kendisi daha önce İstanbul'da yaşamış bir tarihçi ve gazeteci.

Dili, kelimeleri sanki bir repertuarın müzikal notalarına dönüştürmüş gibi zarif bir şekilde konuşuyor. Sesinin tonu, sohbeti hoş bir uyum haline getiriyor. Yine de, Türk olup olmadığını sormak gibi bir şapşallık şey yaptım. Tabii ki, o bir Türk!

"Türkiye'yi nasıl buldunuz? Beklentileriniz nelerdi?" diye sordu Kemal.

"Ülkenizi çok sevdim - yerleri, insanları." Bir an duraksadım. Biraz utanarak, Aladdin filmindeki gibi havada süzülen halılar ve kavanozlardan çıkan kocaman yılanlar beklediğimi itiraf ediyorum.

"Affedin kızımı. Hala bir masal dünyasında yaşıyor," diyerek annem saflığımı örtbas ediyor.

Utançla yana bakarken Kemal bana yardımcı oluyor.

"Masalları çok sevcrim ve keşke Aladdin dışında hikayeler de bilsem. Türkiye'nin bir zamanlar genç bir kız için bir masal ülkesi olduğunu bilmek beni mutlu ediyor." Bu sözlerle, Kemal ile olan dostluğum pekişiyor.

Kemal, yaşadığım yer, okulum, sevdiğim ve nefret ettiğim dersler, arkadaşlarım hakkında her şeyi öğrenmek istedi. Bu gece tamamen benimle ilgili ve pek Kemal'den söz edilmiyor. Gece ilerlediğinde buradan ayrıldık. Yarın yeni bir keşif başlıyor.

ÜÇÜNCÜ BÖLÜM

Efes.

Efes'i ülkenin en büyük harikası ilan ediyorum. En büyük açık hava
müzesi harika, inanılmaz ve kaçırılmaması gereken bir yer. Bu
görkemli, devasa, esrarengiz yapıları sadece en iyi, derinlemesine bilgiye
sahip, tutkulu dahiler inşa edebilir ve tasarlayabilir. Her şeyin yerinde
ve işlevsel olduğu yüzyıllar öncesinde saf mermerden oluşan bir cennet
olduğunu hayal ediyorum.

Geçmişten kalıntılar, bana hem pişmanlık hem de hayranlık hissettiriyor.
Her şeyin ciddi şekilde zarar görmüş olması sinir bozucu, fakat devam
eden restorasyon kendi başına bir tatmin kaynağı.

Geniş arenada yürürken binlerce izleyicinin alaylarını, tezahüratlarını
ve bağırışlarını duyuyorum. Celsus Kütüphanesi'ni sıklıkla ziyaret eden
akademisyenlerin ve öğrencilerin sessizliğine saygım var. Katedralde
hala neşe, ihtişam ve aile ile arkadaşların bağlarının hissiyatı hâlâ var.

İnsanların kutlamaları - bir bebeğin doğumu, aşkın evliliği, cennete dönüşü, eğitimin zirvesi - burada yaşandı.

Efes'in muazzam derecede nefes kesici olduğu, bir gerçeği küçümsemek olur. Bu yeri ziyaret etmiş olmak hem bir onur hem de bir armağandı.

Güle Güle Efes! Güle Güle İzmir!

DÖRDÜNCÜ BÖLÜM

Bir sonraki durağımız, derin bir yasa kapılmış şehirdeydi. Eskiden Antioch olarak bilinen Antakya, yedi ay önce meydana gelen devasa 8.9 büyüklüğündeki depremin ardından bile, kendine özgü tarihini ve ruhunu ortaya koyuyor.

Antakya'nın bu durumu beni derinden sarstı. Şehri tamamen yok olmuş şekilde görmek, beni sonsuza dek etkileyecek. Tek bir bina bile hasardan muaf değil. Her yapı ya parçalarına ayrılmış ve enkaza, tuğlalara, tahtalara ve çimentoya dönüşmüş; ya da kısmen ayakta kalmış, düşmeyi ve yıkılmayı bekliyor. Şehrin kalıntıları beni hem korkutuyor, hem de zayıflatıyor. Yerel halkın anlattıkları canımı yakıyor. Kardeşlerim burada acı çekmişken ve sessizlik içinde ilerlerken, benim şikayet etmeye hakkım var mıydı?

Bu sefer farklı bir amaçla buradayız – gönüllüleri ziyaret etmek, mağdurlarla vakit geçirmek ve hem gönüllülere hem de mağdurlara yardım teklifinde bulunmak.

Gönüllüler Türkiye'nin farklı bölgelerinden ve dünyanın dört bir yanından gelmişler. Hep birlikte bir kamp alanında kalıyorlar. Bu cömert insanlar, trajik olaydan etkilenenlere zamanlarını, paralarını, emeklerini ve sevgilerini koşulsuz olarak sunuyorlar.

Annem ve ben, ziyaretimizin ilk gecesinde gönüllülerin kaldığı küçük bir konteynerde bir yatağı paylaştık. Oldukça sıcak ve nemli bir gece. Vücudum çok terledi, saatlerce tavana bakıyorum. Elektrik yok. Yerel mağdurlar için üzülürken, kendimi son derece şanslı hissettiğim düşünceler içinde boğuluyorum.

Belki de okulda eğlenirken, sınıf arkadaşlarım ve öğretmenlerimle o günün derslerinin tadını çıkarırken ve en sevdiğim yemeği yerken, Antakya bir kıyamet geçiriyordu. Bu düşüncelerle birlikte, gözlerim yoruluyor ve yaşlarla doluyor, ta ki kendimi uyumaya zorlayana kadar.

"Günaydın, buraya gel." İstanbul'daki sokak kedisini hatırlatan turuncu-kahverengi yavru kedi, masamızın altından benden daha da uzaklaştı.

"Onun adı Günaydın değil, Şeker," dedi yanımda duran genç Türk gönüllü Ahmet. Ahmet ile başlayan dostluğum, kedi ile başlamış oldu. Harika!

Şeker, Ahmet'in odasının kapısına adım attığında muhtemelen birkaç haftalık yavru bir sokak kedisiydi. Ahmet, ilk görüşte Şeker ile anında bir bağ kurdu. Beslendikten sonra, Şeker bugüne kadar onunla kaldı.

"Beni çok iyi tanıyor. Üzgün olduğumda, Şeker nazikçe yüzüme patisini koyup beni yalar. Hasta olduğumda bana arkadaşlık eder ve yanımda uyur. Sinirli olduğumda ise oyunbaz olur ve ruh halim yumuşayana kadar eğlenir."

"Ona günde iki kez yemek veriyorum ve haftada bir kez yıkıyorum. Uyandığımda ve yatmadan önce onunla oynuyorum." Ahmet'in sevimli ve akıllı bir kediyle bu kadar yakın bir bağı olmasına imreniyorum.

Seyahatimiz devam ediyor. Bu sefer planımız dışında bir yere doğru maceraya çıkıyoruz.

BEŞİNCİ BÖLÜM

Kapadokya.

Bu mevsimde Kapadokya soğumaya başlar. Şafak vakti geldik ve titriyoruz. Göreme'deki otel eşsiz bir yer, beklenmedik bir mağara evi.

Gece ısıtıcı açılmadığı için üşüdüm ve soğukta iyi bir uyku çektim. Kapıda güçlü bir vurma sesi duyduğumda bir rüyanın ortasındayım. Battaniyemi yüzüme daha yakın çekerken, annem bana hemen hazırlanmamı emrediyor.

"Şimdi mi? Saat beş bile olmadı!"

Kış kıyafetlerimi ve spor ayakkabılarımı giyip, atkımı aldım. Beş dakikadan kısa bir sürede, şoför de dahil olmak üzere on kişinin olduğu küçük bir otobüste yerimizi alıyoruz.

Şoför, "Sıcak hava balonu alanına doğru gidiyoruz. On dakika içinde orada olacağız," diye duyurdu.

Sıcak hava balonu mu? Vay canına! Tamamen uyandım.

Telefonlarımızın fenerlerini kullanarak balon alanına ulaşıyoruz. Karanlıkta balona sıcak hava üflendiğini görmek büyüleyici. Sepete tırmanmak, havalanmak, yüzlerce balonun bir arada uçtuğunu görmek, bir balona çarpmadan yön almak, derin bir mağaraya dalmak, tekrar yükselmek ve sonunda tekrar yere inmek büyük bir eğlence. Bittiğinde, bu deneyimin hayatımın en iyi yolculuğu olduğuna yemin ettim.

"Eğer sıcak hava balonu deneyimlemediyseniz Kapadokya'ya gitmiş sayılmazsınız." Bu, günün sloganı. Seni seviyorum, Kapadokya!

ALTINCI BÖLÜM

Ve şimdi başladığımız yere geri döndük. İstanbul.

Diğer tüm oteller, evler ve işletmeler gibi, otelimizde de gözleri nereye gidersem beni takip eden çok sevilen bir kahramanın bir fotoğrafı sergileniyor. Sevgili Atatürk, bana bir şeyler mi söylüyorsun?

Burada geçirdiğim kısa süre Türk halkının, Cumhuriyet'in kurucusu Atatürk'e büyük bir saygı, hayranlık ve sevgi beslediğini bana gösterdi. Kim beslemez ki? Burada yaşamayan ve Türkiye'nin tarihini az bilen, kahramanı hakkında neredeyse hiçbir şey bilmeyen ben bile, onu sevmeye başladım. Türklerin duygularını paylaşıyorum ve Atatürk için duydukları tutkuyu takip ediyorum.

Evime dönmeyi hiç istemiyorum. Daha uzun süre kalma gücüm olsaydı, burada sonsuza dek kalırdım. Lütfen? Ama çaresizim. Ve henüz buradan ayrılmamış olmama rağmen, şimdiden bir özlem yaşıyorum.

Son alışverişimizi İstiklal Caddesi'nde yaptık. Kalabalık ama gürültüsüz sonsuz dükkanlar, canlı ama yüksek sesli müzik yok. İstiklal, sizi gezinmeden alışveriş yapmaya, satın almadan tatmaya ve pişmanlık duymadan alışveriş yapmaya teşvik eden bir malzeme ve hizmet karışımı sunar.

YEDİNCİ BÖLÜM

Son gün.

Günü selamlamak ve sessizce veda etmek için erkenden kalkıyorum. Otelden çıkarken neredeyse bir şeyin üstüne basacak gibi oldum.

Topum mu? Topumu kaybettiğimi unutmuştum. Topu almadan önce, basamağın altında bir kedi gördüm.

"Günaydın, sen misin?"

Kedi sadece bana bakıyor, bu yüzden kapı görevlisine bu kedinin dün gece otelde uyuyup uyumadığını soruyorum. Onun yanıtı, gizemli topumun geri dönüşü için en önemli ipucu olacak.

"Günaydın hanımefendi!" diye bağırıyor kapı görevlisi, uzun bacaklı, göz alıcı bir sarışının kocaman valizlerini taşımak için acele ederken.

Asansör açıldığında annemi ve eşyalarımızı görürken, ağır eşyaları dışarı götüren orta yaşlı bir kapı görevlisi de gördüm.

Taksimiz çoktan dışarıda bizi bekliyor ve ben de aceleyle kapı görevlilerine, Günaydın'a ve otele "teşekkürler" diyorum.

"Anne, topumu buldum." Fakat annem pasaportlarımızı ve uçak biletlerimizi kontrol etmekle meşgul. Sorun değil. Gözlerimi kapatıyorum ve harika bir gezinin, kaldığımız sürede mükemmel havanın ve bu yolculuğun bana getirdiği tüm mutluluğun şükranını duyuyorum.

Havaalanındaki zaman bana bir serap gibi geliyor. Bu tatilin bitmesini istemiyorum. Ama bitecek, çünkü hayat böyle. Her şey istediğin gibi gerçekleşmiyor. Bütün güzel şeyler sona eriyor.

Annem ve ben konuşmadan duruyoruz. Kim bilir? Belki o da benim hissettiklerimi hissediyordur.

SEKİZİNCİ BÖLÜM

Eve döndüğümde, yavaşça günlük hayatıma dönüyorum.

Bir gün, Türk arkadaşlarıma bir "teşekkürler" mesajı göndermeyi düşünüyorum. Annem de bundan memnun. Kısa notumu yazdıktan sonra gönder butonuna bastım. Yarın bir e-posta yanıtı alırsam şanslı sayılırım.

Ama ertesi gün, sistemim tümüne gönderilmiş yirmiden fazla e-posta ile dolmuş durumda. Orijinal mesajımı gözden geçiriyorum ve mesajı planladığım gibi tek tek değil, bir arkadaş grubuna göndermiş olduğumu fark ediyorum. Dijital teknolojiye hoş geldiniz!

E-postalardan edindiğim bilgiler şunlardı:

Esra, Ahmet'in halası. Sanırım öyle. İkisi de İstanbul'dan.

Kemal ve Ahmet bir zamanlar ilkokul arkadaşlarıydı. Şimdi hatırlıyorum, Kemal eskiden İstanbul'da yaşıyordu.

Aslı ve Esra iş ortakları mıydı? Mümkün. Biri fitness eğitmeni, diğeri ise yoga öğretmeni. Ama bunu tekrar kontrol edeyim.

Aslı, Kemal'in eski komşusu. Evet, evet. Kemal, onların önceden Çeşme'de yaşadıklarını ve İzmir'in merkezine taşındıklarını söyledi.

Esra'nın bir e-postasını iki kez okudum; burada Ahmet'in kedisinin fırtınalı bir gecede onu terk etmiş olabileceğinden korktuğundan bahsediyor. E-posta ekinde kedinin bir fotoğrafı var. Gözlerim fotoğrafa otuz saniye boyunca kilitlenmiş durumda.

"Günaydın, sen misin?" İstanbul'daki sokak kedisiyle tam olarak aynı görünüyor. Yani, kedinin topumu geri getirdiğiyle ilgili komplo teorim aslında bir komplo değil. Bu e-posta yağmuru moralimi yükseltiyor.

Günaydın dahil beş kişi arasında makul bir bağlantının olduğunu görmek tuhaf bir gizem. Bu oldukça ilginç bir hal alıyor.

Kader bana nazik davrandı. Kendimi bu ağın bir parçası olarak ilan ediyorum; her biriyle tanışmış olmamla birlikte bu ağda bir yere bağlıymış gibi hissediyorum.

Bu, benim için gerçek ve büyük bir bağ. Buna Türk bağı diyorum.

Geçmişe baktığımda, beni Türklere çeken bağı hala hissediyorum, sanki uyum içinde dokunan iplikler gibi.

Gelecekte başka yerlere seyahat edebilirim, ancak bu yolculuk kalbimde canlı ve bol sevgiyle kalacak.

Seni bir gün Türkiye'de görecek miyim?

TEŞEKKÜRLER

- Deprem mağdurlarına sürekli yardım eden ve onları iyileştiren Antakya'nın fedakar gönüllülerinin içten teşekkürlerimi kabul etmesini rica ederim.

- Eser gibi kendini işine adamış, tutkulu ve son derece bilgili bir turist rehberimin olması büyük bir onurdu.

- Hande'ye, ziyaretime canlılık ve neşe kattığın için teşekkür ederim. Seninle geçirdiğim zaman çok değerliydi.

- Şarkir'e, daha fazla vermek ve daha az almak üzerine öğrendiğim büyük bir ders için teşekkür ederim. Nazikliğin parlıyor.

- Enes, cömertliğin ve şefkatin sınırsız; umudu kalmayan dezavantajlı bireyleri yeniden toparlamalarına yardımcı oluyorsun.

- Ülkü'ye, sanal olarak sunduğun tüm bilgiler, ipuçları ve tavsiyeler için teşekkür ederim. Evden bir Türk arkadaşının bol bilgi paylaşması (sanal sohbette olsa da) çok değerli.

- Mehmet, bu kitabı mutluluk ve heyecanla çevirdin.

- Ruell, bu kitabın tohumu yolculuk sayesinde filizlendi; bu yolculuk sen olmasan mümkün olamazdı

YAZAR VE İLLÜSTRATÖR HAKKINDA

Bilgi teknolojileri ve bankacılık sektöründe birçok yıl çalıştıktan sonra, Estela Domaoal artık zamanını görsel sanatlar yaratmaya ve öğretmeye, ayrıca kitaplar yazmaya adıyor.

Estela'nın seyahatleri, ziyaret ettiği yerlerden ve tanıştığı insanlardan sanat eserleri yaratması için ilham veriyor. Hayal gücü baskın hale geldiğinde ise kitaplar yazıyor.

Kitabın ön ve arka kapakları da dahil olmak üzere tüm illüstrasyonlar, illüstratörün farklı medyalarla yaptığı el yapımı çalışmalardır.

Estela dört kitap yayımlamıştır. "Gidelim Türkiye'ye" beşinci kitabıdır. Şu anda, iki oğlu ile birlikte Sidney, Avustralya'da yaşamaktadır.

Estela Domaol'in Kapitlari

(Books by Estela Domaoal – to show the books published so far here)

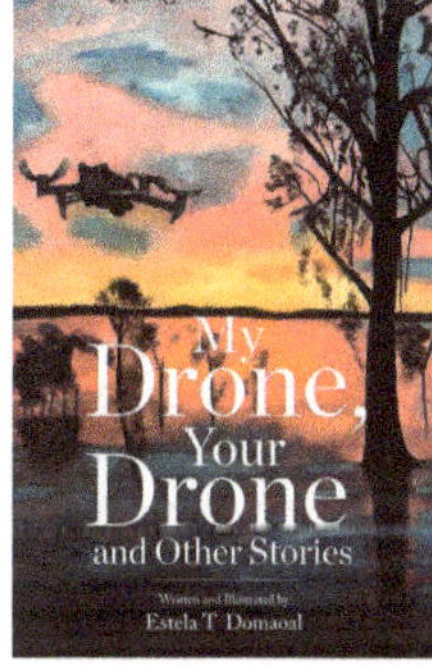

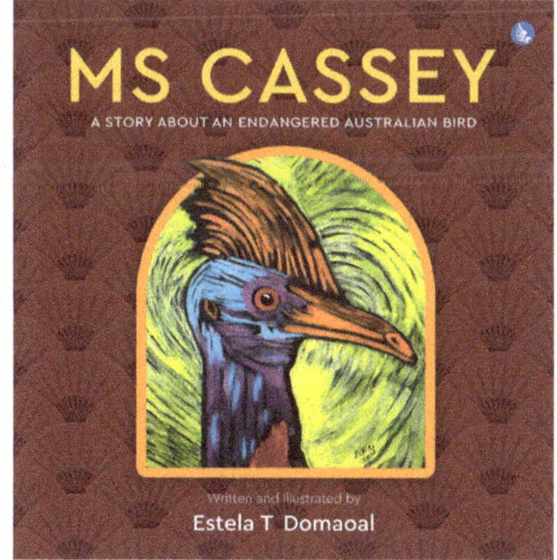